CONSIDÉRATIONS NOUVELLES

SUR L'ALGÉRIE.

NANCY, IMPRIMERIE DE HINZELIN ET Ce, RUE SAINT-DIZIER, 67.

CONSIDÉRATIONS NOUVELLES

SUR

L'ALGÉRIE,

PAR M. TRELLO.

CHEZ POIRÉE, LIBRAIRE, RUE CROIX-DES-PETITS-CHAMPS, 2.

1840.

CONSIDÉRATIONS NOUVELLES

SUR L'ALGÉRIE.

NOTIONS PRÉLIMINAIRES.

Beaucoup d'écrits ont été publiés sur Alger et sur la colonisation de ce pays ; mais, il faut l'avouer, peu d'auteurs ont envisagé nos possessions du nord de l'Afrique sous leur véritable point de vue. Ainsi, ceux qui ont considéré Alger sous le rapport commercial, ont pensé que nous devions trouver là un grand débouché pour les produits de notre industrie, et ont bâti, sur cette idée, des théories qui n'ont eu pour résultat que d'entraîner quelques négociants dans des spéculations malheureuses.

En effet, la plupart de nos produits ne peuvent convenir qu'à des peuples chez lesquels la civilisation a déjà pénétré avec le luxe qu'elle entraîne après elle. La régence d'Alger ne présente rien de semblable ; la grande majorité de la population vit dans un état d'isolement qui rend sa consommation presque nulle. C'est ce dont on peut s'assurer en consultant le tableau de nos importations ; on verra que la somme totale des tissus, de la quincaillerie, de la mercerie, des fers, des cuirs préparés, etc. etc., que nous importons à Alger, s'élève tout au plus à quelques millions par an ; et l'on peut affirmer que les trois quarts de ces objets, sont consommés par les Européens qui habitent actuellement la régence.

Les armes de guerre seraient peut-être les objets dont nous trouverions le plus grand débit, s'il n'était pas imprudent d'en vendre aux Arabes.

Ce que les peuples de la régence aiment par-dessus tout, c'est le numéraire, qu'ils enfouissent avec le plus grand soin, aussitôt qu'ils ont pu s'en procurer par la vente de leur denrées. A l'époque où j'étais à Alger (1830-31), l'or se vendait jusqu'à 75 francs le mille.

Lorsque les Arabes vous ont vendu leurs productions, qui consistent en bestiaux, céréales, huile d'olives, qui ne peut servir que pour les arts, un peu de cire et quelques fruits ; ne croyez pas qu'ils vous prendront en échange, des objets pour une somme équivalante à celle qu'ils ont reçue de vous ; soit pour leur consommation particulière, soit pour le commerce ; quelques mètres de calicot ou de soieries ; quelques ustensiles de cuivre ou de fer ; voilà tout ce qui leur est nécessaire. Quant aux échanges ou à la circulation des capitaux, ils ont là-dessus des idées si bornées, qu'on ne peut espérer de faire un véritable commerce chez eux que lorsque nous y aurons fait pénétrer la civilisation.

Presque tous les auteurs qui ont proposé des plans de colonisation, les ont établis sur une échelle si vaste, que leur exécution a été rendue impossible par suite du peu de moyens dont le gouvernement disposait, et de la ruine inévitable qui aurait frappé les spéculateurs qui en auraient entrepris l'exécution pour leur compte.

A-t-on voulu adopter ces plans à une partie plus restreinte de la régence, à une seule localité? C'est celle-ci qu'on aura mal choisie. De là, cette espèce d'indifférence qui a suivi le premier enthousiasme pour la colonisation d'Alger, et cet étonnement général de ce qu'un si beau pays soit resté jusqu'ici stérile entre les mains de la France.

Chaque écrivain n'a pas manqué d'attribuer le peu de succès de notre colonisation à ce qu'on n'avait pas suivi son système, ou à des obstacles plus ou moins réels qu'il aurait trouvé le moyen de surmonter.

Pour moi, qui ai visité ce beau pays, qui ai débarqué sur la plage de Sidi-Ferruch avec notre armée d'expédition, et qui ai assisté à tous les événements qui se sont passés à Alger pendant la première année qui a suivi notre conquête, je me suis formé une opinion différente de celles qui ont été émises jusqu'à ce jour, sur les causes qui ont apporté tant d'obstacles à la fondation d'établissement coloniaux aux environs d'Alger, et sur les moyens d'y remédier.

Cette opinion, je n'ai pas osé la publier jusqu'ici;

d'abord parceque je ne suis pas possédé de la manie d'écrire, et, en second lieu, parce qu'un écrit émané d'un homme inconnu pour ses capacités, en pareille matière, aurait couru le risque de n'obtenir aucun succès.

Aujourd'hui, je fais volontiers céder mon scrupule devant le haut intérêt qui doit, ce me semble, s'attacher à un pareil sujet.

Les causes qui, selon moi, se sont opposées à la fondation de notre premier établissement aux environs d'Alger se rapportent, 1°. A l'influence exercée par nos différentes expéditions militaires, sur l'esprit des peuples de la régence. 2°. A celles qu'à exercée sur ces mêmes peuples, l'organisation civile d'Alger. 3°. Et au mauvais choix de la position par laquelle on a voulu commencer les essais de colonisation.

Après avoir traité brièvement les deux premières questions, et signalé les inconvénients qui se rattachent à la troisième, j'essaierai de démontrer les avantages d'une position meilleure pour fonder avec succès, notre colonie aux environs d'Alger. J'examinerai ensuite quelles sont les causes qui nous ont obligé d'étendre ou de restreindre tour à tour notre domination en Afrique, et je terminerai par des considérations générales sur les moyens de nous rendre définitivement maîtres de toute l'Algérie.

DE L'INFLUENCE EXERCÉE

PAR NOS PREMIÈRES EXPÉDITIONS MILITAIRES

SUR L'ESPRIT DES PEUPLES DE LA RÉGENCE.

Notre débarquement sur la plage de Sidi-Ferruch fit, d'abord, peu de sensation sur l'esprit des populations algériennes ; on nous attendait, et, soit par l'habitude de ces peuples de regarder les chrétiens comme des créatures d'un ordre inférieur (des chiens de chrétiens, comme ils nous appellent), soit par suite des vieilles traditions qui leur ont appris le peu de succès des dernières expéditions dirigées contre eux ; il est vrai de dire qu'on paraissait peu nous craindre. Ce qui tendrait du moins à le prouver, c'est que l'armée arabe campée à Staouéli, à une lieue de Sidi-Ferruch, nous laissa assez tranquillement établir nos retranchements sur cette plage, pensant probablement qu'on aurait bon marché d'un armée qui, selon les expressions d'une proclamation du Dey, adressée aux Arabes, était composée *de femmes et de poules*.

Cependant, notre manière de combatre si supérieure à celle de ces bandes de guerriers braves, mais indisciplinés; le jeu de notre artillerie, dont les Arabes étaient presqu'entièrement dépourvus et qui portait à un si haut point la terreur chez ceux qu'elle ne moissonnait pas; le camp de Staouéli, si subitement enlevé par nos troupes qu'à peine si le chef de l'armée algérienne pouvait en concevoir la possibilité; d'autres combats encore, donnèrent bientôt à ces peuples guerriers, une plus haute idée de notre puissance.

Plus tard la prise du fort l'empereur, qui amena celle d'Alger, la ville *Belliqueuse*, la ville aux quarante mosquées, ce rempart inexpugnable de la régence, acheva de nous placer d'autant plus haut dans l'opinion de ces peuples que par leur religion et leurs mœurs, ne reconnaissant pas, après Mahomet, de pouvoir supérieur à celui du sabre, ils sont tout naturellement portés à estimer les peuples guerriers; et, comme une de leur maxime leur enseigne que: *celui qui lutte contre le destin sera vaincu;* ils furent d'abord amenés à une grande résignation sur le fait accompli de la prise d'Alger.

La preuve que j'apporte à l'appui de cette opinion, c'est que les chefs de tribus, les Beys des provinces, qui n'étaient nullement en notre pouvoir ; qui pouvaient tranquillement retourner chez eux ou continuer de nous faire la guerre, vinrent traiter *spontanément avec nous et nous offrir leur amitié.*

Il faut remarquer cette circonstance très importante de l'influence morale exercée sur l'esprit de ces peuples par nos premiers exploits; influence qu'il eût été si essentiel de conserver, et dont l'affaiblissement va nous créer tant d'obstacles.

En effet, M. de Bourmont confiant dans les promesses des chefs arabes, dans la spontanéité des preuves d'amitié qu'ils lui donnaient, leur promit de se rendre au milieu d'eux ; promesse qu'il remplit quelques jours après en se rendant à Blida, distant d'environ 50 kilomètres d'Alger. Mais, au lieu de déployer un grand appareil militaire, qui aurait imposé à ces peuplades, dont la conviction de notre puissance n'avait pas encore assez profondément pénétré les esprits ; M. de Bourmont n'enmène avec lui qu'une faible escorte et quelques officiers d'état major. Il est parfaitement reçu par les chefs et même par toute la population réunie. et l'on peut croire que la grande majorité de cette population était bien disposée en sa faveur, car, alors, elle était en armes, et aucune démonstration hostile ne fut faite d'abord. Ce n'est que plusieurs heures après l'arrivée de M. de Bourmont, qu'on entendit un coup de fusil tiré, sans doute, par un esprit mécontent à qui la réflexion était venue en voyant le général entouré de si peu de monde. Bientôt ce coup de fusil est suivi de quelques autres, et un aide-de-camp du général est tué. C'est alors que M. de Bourmont, se croyant trahi, quitte brusquement les chefs arabes avec lesquels il s'entretenait, rassemble sa petite troupe et part.

Mais, tous ces hommes armés qui sont venus là, je crois, sans mauvaises intentions, voyant le chef d'une si puissante armée se retirer devant quelques coups de fusil, s'excitent mutuellement, se montent la tête et se mettent à la poursuite de M. de Bourmont, qui fuit en toute hâte ; et son retour à Alger est presqu'un miracle.

De cet événement, en apparence si peu important par lui-même, amené, j'en ai la conviction, par le hasard, la fatalité et non par une conspiration arrêtée ; de cet évènement, dis-je, date notre déchéance morale dans l'esprit des peuples barbaresques.

En effet, ces peuples, comme tous les peuples méridionaux en général, ont encore plus de forfanterie que de bravoure, aussi, l'idée d'avoir fait fuir un chef si puissant, les gonfla-t-elle d'orgueil et inspira-t-elle à ceux qui n'avaient pas pris part à cette échauffourée le désir de se couvrir de semblables lauriers. C'est aussi de ce moment que vous avez vu les hostilités recommencer tout autour de nous, les Beys rompre le traité qu'eux-mêmes étaient venus proposer, refuser de payer le tribut promis à la France et devenir insolents avec les chefs de notre armée.

Une autre expédition fut bientôt dirigée sur Bone. Un maréchal de camp, le général Danrémont avec sa brigade, fut embarqué sur une flottille, commandée par le contre-amiral Rosamel, chargé de s'emparer de cette ville et de l'occuper militairement.

Le succès de cette expédition fut complet ; la

ville nous fut livrée sans résistance. Mais, il y avait à peine quelques jours que nous y étions établis, qu'on vit avec étonnement des vaisseaux mettre à la voile pour Bone, afin d'en ramener la garnison à Alger.

On pensa généralement que les événemens de juillet, à Paris, étaient la cause d'un changement si subit dans les dispositions du général en chef auquel on prêta beaucoup d'intentions qu'il ne m'appartient pas d'apprécier.

Quoi qu'il en soit, l'abandon de Bone, produisit un effet très fâcheux ; d'abord sur la population de cette ville qui, s'étant en quelque sorte compromise pour nous vis-à-vis des tribus voisines, se vit bientôt en butte à toutes sortes de vexations ; puis sur toutes les peuplades de la régence qui, ne pouvant comprendre les motifs d'une pareille retraite, ne manquèrent pas de l'attribuer à notre faiblesse.

Aussi, lisez toutes les relations de cette époque, et vous verrez que c'est immédiatement après notre départ de Bone, que les Beys de Titteri et de Constantine se révoltèrent ouvertement contre nous, et nous déclarèrent la guerre dans les termes les plus insolents.

Jusqu'à l'arrivée de M. le maréchal Clausel, cette bravade des Beys resta impunie, à cause de l'inertie dans laquelle fut jetée notre armée par suite de la révolution de juillet. Les chefs de cette armée, comme on le sait, n'étaient pas partisans de cette révolution, et leur apathie augmenta encore l'audace des tribus qui s'étaient réunies en armes sous les étendarts du Bey de Titteri, le plus rapproché de nous et le plus turbulent des Beys de la régence.

Aussitôt après avoir réorganisé notre armée, M. le maréchal Clausel se disposa à châtier l'insolence du Bey dont je viens de parler ; et l'on sait qu'à la suite d'une brillante expédition militaire où, pour la première fois depuis plusieurs siècles, des Européens, des Français franchirent l'Atlas, ce Bey fut fait prisonnier. Mais, comme si une fatalité s'attachait à nous faire perdre le fruit de nos plus brillantes conquêtes, cette expédition eut encore un résultat malheureux pour nous.

En effet, M. le maréchal Clausel ayant pensé qu'une garnison placée de l'autre côté de l'Atlas, pourrait maintenir les tribus voisines et nous préserver de leur invasion dans la plaine ; laissa un régiment à Médéha, ville assez riche, un peu fortifiée et située à environ 5 myriamètres d'Alger.

La population de cette ville nous montra un grand dévouement ; nos troupes cernées et en quelque sorte bloquées dans Médéha, par des nuées d'Arabes, auraient infailliblement succombé faute de secours et de communications avec Alger, sans l'appui que leur prêtèrent les habitants, en combattant dans nos rangs.

La difficulté de conserver cette position, autant peut-être que les circonstances impérieuses qui nécessitaient en France, à cette époque, un grand nombre de troupes, nous obligèrent encore à abandonner cette ville après l'avoir occupée pendant moins d'un mois ; et, comme beaucoup de familles s'étaient compromises pour nous, nous eûmes la douleur de les voir entrer à Alger avec nos troupes, s'exilant pour se soustraire aux terribles vengeances des Arabes.

Si vous joignez à tout ce qui précède le

peu de succès do quelques autres expéditions dans lesquelles nous chassions bien l'ennemi devant nous pendant quelques jours; mais dans lesquelles, aussi, nous fûmes constamment poursuivis par lui en nous retirant; vous aurez un tableau à peu près complet, des événements qui nous firent décheoir de cet ascendant moral, de ce prestige de gloire que nous avions conquis sur les peuples de la régence, par nos premiers exploits guerriers, et qui augmentèrent leur audace.

Passons maintenant à l'influence qu'exerça sur ces mêmes peuples, l'organisation civile d'Alger.

DE L'ORGANISATION CIVILE

D'ALGER.

Cette organisation commencée par M. de Bourmont, fut complétée sous M. le maréchal Clausel et maintenue depuis par tous les gouverneurs. Elle consistait à faire entrer par égale portion les Européens, les Maures et les Juifs, soit dans l'administration de la ville, soit dans celle de la police, soit dans les tribunaux inférieurs chargés de prononcer sur les contestations qui pourraient s'élever entre les différentes classes de la population.

Il était sans doute d'une sage politique d'appeler à remplir les fonctions administratives ou judiciaires, quelques-uns des anciens habitants d'Alger ; c'était les relever à leurs propres yeux que de les faire participer au gouvernement ; c'était aussi adoucir l'amertume de la conquête ; mais il n'était pas prudent d'y appeler toutes les classes de la population au même titre. Aussi l'introduction des Juifs dans les différentes administrations, froissa-t-elle violemment l'amour-propre de tous les autres habitants de la régence, qui n'avaient jamais éprouvé pour ces Juifs que le plus profond mépris, et nous créa-t-elle de très-grands embarras, par suite des intelligences que les Maures d'Alger contractèrent avec nos ennemis du dehors.

On comprendra mieux, combien l'admission des Juifs aux emplois du gouvernement fut contraire à nos intérêts si je rappelle l'état d'abjection dans lequel la population israélite vivait à Alger avant notre conquête.

Le mépris des Mahométans pour les Juifs, était tellement grand que, si un Juif voulait abjurer et embrasser l'islamisme, il n'en était reconnu digne qu'après s'être fait chrétien. Chaque soldat Turc avait le droit de châtiment sur un Juif qui ne s'inclinait pas en passant devant lui. Ce même Janissaire pouvait impunément entrer chez un Israélite, prendre chez lui tout ce qui lui convenait et même outrager sa femme.

Un Juif ne pouvait passer devant une Mosquée, que les pieds nus et sans jeter les yeux dans l'intérieur du temple, sous peine d'être châtié sévèrement.

Il était défendu aux Juifs de monter à cheval dans l'intérieur de la ville. Ils ne pouvaient porter d'autres vêtemens que ceux d'une couleur noire ou bleue ; couleurs les plus antipathiques aux Musulmans. Il n'est pas jusqu'au supplice des criminels, qui ne fût rendu plus cruel et plus ignominieux pour les Juifs : pour un crime semblable, un Turc était décapité en secret ; un Maure était pendu à la porte de la ville ; un Juif était publiquement brûlé vif.

Cette classe d'hommes était rançonnée selon le bon plaisir du Dey, et regardée par tous les peuples de la régence comme une troupe de créatures dégradées.

Il faut l'avouer, c'est cette transition trop subite, dans la position respective des Juifs, et des autres classes d'habitans d'Alger, qui nous a crée des obstacles dont peu de personnes ont soupçonné l'origine.

Il aurait fallu préparer lentement cette transition dans les mœurs des habitans, nous borner à donner aux Juifs une liberté dont ils n'avaient pas joui sous l'ancien gouvernement ; les relever de l'état d'avilissement dans lequel ils avaient vécu jusqu'alors, et ne les admettre aux emplois, qu'après avoir fait disparaître chez eux les traces les plus grossières de la barbarie.

Il était d'autant plus important pour nous de ne pas froisser le reste de la population algérienne, par rapport aux Juifs, que, non seulement ceux-ci ne forment qu'à peu près la 39e partie de la population de la régence ; mais que nous ne trouverons jamais chez eux, ni un guerrier pour nous défendre, ni un laboureur pour nous nourrir. Chez les autres classes de la population, au contraire, nous avons trouvé ces braves bataillons de zouaves qui ont si vaillamment combattu pour nous, et ces laborieux et fidèles berbères qui nous sont d'un si grand secours pour cultiver nos champs et pour toute espèce de travaux.

Il faut le dire aussi, tous les autres habitans de la régence ayant vécu dans un plus grand état de liberté, ont plus que les Juifs du même pays, le sentiment élevé de la dignité de l'homme, et sont plus sensibles à tout ce qui fait mouvoir les belles passions. Nous avions donc plus d'un intérêt à nous concilier ces peuples, et, ne l'avoir pas fait, est à mes yeux une faute irréparable qui a concouru avec celles que j'ai déja signalées, à nous aliéner l'esprit des populations musulmanes.

Pour terminer ce qui a rapport aux obstacles qui ont arrêté les progrès de la colonisation d'Alger, et je n'entends parler pour le moment que des environs de cette ville, et non des autres points que nous occupons dans le nord de l'Afrique, il me reste à entretenir le lecteur du mauvais choix qu'on a fait de la portion de territoire par laquelle on a voulu commencer la colonisation.

Du mauvais choix fait du terrain par lequel on a voulu commencer la colonisation.

Depuis que nous possédons Alger, on n'a eu presqu'exclusivement en vue, pour fonder une colonie, que la plaine de la Métidjah; on n'a parlé que de cette vaste et fertile plaine; toutes les spéculations l'ont prise pour point de mire; toutes les théories de colonisation se sont établies en vue de cette plaine; tous les intérêts particuliers se sont concentrés sur elle. Il n'est guère d'Européens un peu à leur aise et habitant Alger, qui ne possèdent quelques portions de terre dans la Métidjah. J'ai plusieurs de mes amis qui possédent 100, 200 hectares de ces terres, qu'à la vérité ils n'ont jamais foulée, ni même vue, quoiqu'ils payent une rente pour s'en assurer la possession.

Les esprits étaient tellement prévenus en faveur de la Métidjah, que M. le maréchal Clausel, lui-même, en arrivant à Alger, acheta une vaste propriété à l'entrée de cette plaine et à l'embouchure de l'Aratch, (la Maison Carrée); cette propriété se trouvant être un point militaire important à garder, M. le maréchal Clausel le fit occuper par un bataillon d'infanterie et quelques pièces de canon, et s'en assura ainsi la jouissance. Ce fut peut-être là la cause des nombreux achats de terre qui se firent dans la plaine, par l'espoir que la protection du gouverneur s'étendrait sur tous ses voisins. Mais, grand fut le désappointement des co-propriétaires de M. Clausel, lorsque celui-ci rentra en France. Aussi, croyez-bien qu'en manifestant si chaleureusement le désir de voir M. le maréchal Clausel revenir à Alger, les propriétaires européens de la Métidjah étaient plus préocupés de leurs propres intérêts que de la gloire du Maréchal. C'est aussi là la source de bien des erreurs propagées en France.

Dans le système de l'occupation restreinte ce n'était point par la plaine de la Metidjha qu'il fallait commencer la colonisation, et les raisons sur lesquelles j'appuie mon opinion sont : d'abord, l'insalubrité de cette plaine; en second lieu, la difficulté d'y défendre les possessions des européens contre les incursions des Arabes.

En effet, tous les soldats, presque sans exception, qui ont été commis à la garde de la Maison-Carrée; en sont revenus avec des maladies graves auxquelles un grand nombre a succombé. Voilà des faits incontestables, dont j'ai été témoin, et qui se renouvellent encore aujourd'hui.

Ces affreuses maladies sont contractées sous l'influence des miasmes qui se dégagent de cette plaine de la Métidjah, par suite des inondations dont elle est recouverte une partie de l'année et qui laissent, pendant la saison chaude, d'innombrables marais qui infectent tous les environs a mesure que l'eau, en se vaporisant, laisse la fange à sec.

Cette plaine est en outre ouverte de tous les côtés et difficile à garder.

Lorsque des sociétés de colonisation se sont présentées à Alger, elles ont subi l'influence de ce premier entraînement qui portait tout le monde vers la plaine de la Métidjah, son insalubrité, constatée par les maladies qu'en ont rapporté nos soldats, a d'abord attiré l'attention de ces sociétés, puis, un autre motif est encore venu les décourager; c'est qu'une prétendue ferme modèle ayant été établie à l'entrée de la plaine; la première récolte en fut détruite par les Bédouins, et, il fut reconnu qu'il aurait fallu autant de pièces de canon que de charrues pour labourer dans cette plaine.

Or, on se demanda quels seraient les moyens de surmonter tous ces obstacles? — Un projet fut proposé qui paraissait d'abord réunir toutes les conditions désirables; c'était celui de canaliser l'Aratch, l'une des principales rivières qui sillonnent la plaine de la Métidjah.

Ce canal aurait eu le triple but, 1° d'empêcher les inondations; 2° d'assainir la plaine en desséchant les marais et en la débarassant de ce brouillard épais qu'on y remarque tous les jours, jusqu'à 10 heures ou midi; et, 3° de servir de retranchement pour empêcher les Bédouins de pénétrer de ce côté-ci de la plaine.

Mais, les plans de ce canal tracés, les devis établis avec ce rare talent qu'on reconnait à notre génie militaire; on vit qu'il en aurait coûté de 15 à 20 millions pour mettre ce projet à exécution. La France avait alors des charges énormes à supporter; on renonça à ce projet, et toutes les sociétés de colonisation se retirèrent.

Je suis d'autant plus fortifié dans l'opinion que la colonisation ne devait pas être commencée par la plaine, qu'ayant lu avec beaucoup d'attention, quelque temps après mon retour d'Afrique, un travail qui me fut communiqué sur la statistique du Massif d'Alger, travail qui parait empreint de la plus rigoureuse exactitude, j'ai pu m'assurer que la plaine de la Métidjah était de tous les points des environs d'Alger, celui où il y avait le moins de cultures européennes.

Or, ce résultat aurait dû d'autant plus me surprendre, que c'est précisément du côté de cette plaine qu'il y a une plus grande masse d'intérêts européens compromis. Il faut donc qu'il y ait eu ici, force majeure; force due aux causes que j'ai signalées, et qui a entraîné les colons vers le seul point auquel on n'avait pas pensé d'abord, c'est-à-dire vers l'ouest d'Alger; ainsi, qu'il résulte de la statistique dont je viens de parler.

Puisque la plaine ne pouvait être cultivée par nous, avec sécurité; voyons si nous ne pouvions pas nous établir d'un autre côté.

De la colonisation par Sidi-Ferruch.

Il y avait une étendue de terrain bien plus facile à garder que la plaine de Métidjah, et à l'abri des inconvénients qu'elle présente; c'est celle qui s'étend de Sidi-Ferruch à Alger. Et, si l'on n'a pas commencé la colonisation par là; je suis tenté de croire que c'est parce que les chefs qui sont venus commander à Alger après la révolution de juillet, n'ont pas pu, comme nous, apprécier tous les avantages qu'offre cette portion de terre.

Sidi-Ferruch, tout à la fois point militaire de

défense contre les indigènes et contre l'étranger, devra de toute nécessité être fortifié, si la colonie prend quelque consistance. C'est là qu'on viendrait tenter un débarquement, si on voulait nous enlever Alger ; car, jamais lieu plus propice ne fut plus heureusement choisi ; et, notre marine s'est acquis un grand titre de gloire en conduisant notre armée sur cette plage.

Le plan de notre camp de Sidi-Ferruch a été publié, et tout le monde a pu voir que c'est une presqu'île dans le point le plus rétréci de laquelle nos soldats eurent, dans trois jours, creusé un fossé et construit des redoutes qui s'étendaient de l'une à l'autre plage, et derrière lesquelles une faible garnison a pu défier toutes les peuplades de la régence réunies.

C'est dans ce camp, ainsi établi, qu'un seul bataillon d'infanterie a pu, pendant plus de quinze jours, protéger contre les Arabes, toutes les ressources de notre armée, tant en matériel de guerre qu'en provisions pour la subsistance des troupes.

Eh bien! qu'à la place de ces remparts de sable, on élève une muraille que l'on creuse un nouveau fossé qu'on place dans ce camp, un seul bataillon d'infanterie et six pièces de canon, et l'on pourra tracer dans l'enceinte de Sidi-Ferruch, les rues d'une ville imprenable par les Arabes et qui, d'ici à quinze ans, le disputera en puissance commerciale à la ville d'Alger.

Cette ville serait en outre le premier centre d'une colonisation durable.

Je n'ai jamais compris, qu'avec l'intention de coloniser, on ne laissât pas à Sidi-Ferruch, une garnison qui aurait pû protéger avec tant de succés les colons qui auraient cherché à s'établir aux environs.

Il n'y avait, selon moi, que deux moyens de fonder une colonie aux environs d'Alger : c'était 1° de fortifier et de garder tous les passages du petit Atlas qui s'étend en demi cercle tout-au-tour d'Alger ; nous nous serions rendu maîtres d'une grande étendue de terrain, qui se serait trouvé protégée contre les incursions des Arabes ; 2° ou bien d'agir sur une plus petite échelle et d'établir une ligne de défense de Sidi-Ferruch à Alger.

Comme le premier moyen a été rendu impossible par la restriction que la France a été obligée d'apporter à ses dépenses, et par le peu de succès de la colonisation à Alger ; c'est au second de ces moyens que je m'arrête.

En fortifiant Sidi-Ferruch et en fondant une ville dans son enceinte, on y trouverait d'abord l'avantage de deux baies facilement abordables, dont une, au moyen d'une légère dépense, pourrait devenir un port beaucoup plus sûr que celui d'Alger ; protégé qu'il serait au nord, par une chaîne de rochers, et à l'ouest, par la ville même qu'on y construirait ; deux points cardinaux d'où nous viennent les vents les plus funestes aux vaisseaux à l'ancre, soit dans la rade, soit dans le port d'Alger.

Une ville à Sidi-Ferruch, serait construite sur un plan horizontal qui permettrait une circulation bien plus facile qu'à Alger, bâtie en amphythéâtre, et dont les rues sont trop étroites pour le passage des voitures. (Même aujourd'hui, il n'existe à Alger que deux rues où les voitures puissent passer.)

Les communications entre les points environnants et même avec le reste de la régence, seraient bien plus faciles de Sidi-Ferruch que d'Alger. Les constructions de cette nouvelle ville seraient d'ailleurs plus appropriées à nos besoins que celles d'Alger et, je le répète, nous aurions là à la fois, un point militaire des plus importants à opposer, soit aux indigènes, soit aux étrangers qui, lorsque nos possessions africaines auront acquis un certain degré de splendeur, voudraient tenter de nous les enlever.

De Sidi-Ferruch à Alger, il existe une immense plaine contenant tout ce qui peut concourir à la fondation d'établissements coloniaux.

La terre végétale y est très abondante, j'ai pu juger de son épaisseur en examinant les redoutes que nous avions construites de Sidi-Ferruch à Alger.

L'eau qu'on pourrait croire rare sous un climat si chaud, y est en très grande abondance; ainsi, à Sidi-Ferruch, il existe plusieurs puits contenant une eau excellente, et dont toute l'armée a fait usage. Partout où on a creusé on a facilement trouvé de l'eau douce, même à six pieds du rivage de la mer.

Sur le plateau de Staouéli il existe de l'eau en abondance. A Sidi-Calef, point un peu plus élevé, on trouve d'excellentes sources qui alimentent un petit ruisseau. Entre Sidi-Calef et Alger on trouve aussi des sources, dont l'eau très pure, retenue dans des bassins construits exprès au milieu de la plaine et sur le bord de la route, sert à abreuver les troupeaux.

Qu'on se rappelle aussi, que l'eau qui sert à la consommation des habitants d'Alger vient d'une source située à la hauteur du fort l'empereur, point plus élevé que la partie supérieure d'Alger.

J'ajouterai encore que, sur toute l'étendue du terrain dont je viens de parler, quoique la terre soit presque totalement inculte, la végétation est très active ; mais que là où on aperçoit des traces de la main de l'homme, pour la culture de quelques plantes, telles que les céréales, les Cactus, les Agaves, les Palmiers, quelques arbres fruitiers, la vigne, etc.; tous ces végétaux cultivés présentent l'aspect de la végétation la plus vigoureuse.

J'ai dit qu'à Sidi-Ferruch on trouvait de l'eau potable en abondance ; mais à deux cents pas du fossé creusé par nos troupes, il existe un petit ruisseau dont probablement on pourrait tirer parti pour la construction de quelques usines, et, en supposant que ce ruisseau ne fût pas propre à ce genre d'établissement, il existe à cinq kilomètres de là, le Mazafran, rivière déjà d'une certaine importance qui remplirait ces conditions.

Non loin de l'embouchure de cette rivière, se trouve le village de Colcha, dont nous avons déjà forcé plusieurs fois les habitants à être nos amis, et dont l'amitié nous serait encore bien mieux assurée si nous avions une garnison à leur porte.

Voilà je pense, des conditions aussi favorables que possible pour la fondation d'établissements coloniaux.

Si nous considérons maintenant, l'étendue du terrain dont nous pourrions disposer, nous verrons qu'une ligne tirée de l'embouchure du Mazafran, qui se trouve, comme je viens de le dire, à cinq kilomètres de Sidi-Ferruch, jusqu'à l'embouchure de l'Aratch dans la rade même d'Alger, présenterait une longueur d'environ vingt-cinq kilomètres.

Derrière cette ligne, se trouveraient Sidi-Ferruch, Staouéli, Sidi-Calef, le mont Boujarah, la Pointe Pescade, Alger, le beau côteau qui borde sa rade, et où se trouvent ces jolies maisons de campagne groupées autour de Mustapha-Pacha.

L'espace situé derrière cette ligne dont je viens d'indiquer la longueur d'environ vingt-cinq kilomètres, pourrait encore être agrandi par des courbes portées en avant. (C'est en 1835 que j'écrivais ce qui précède; on a depuis, établi des camps qui pourraient servir à protéger l'étendue de terrain dont je parle.)

La condition de salubrité qui, comme nous l'avons vu, n'existe pas du côté de la Mitidjah, est aussi favorable que possible dans toute l'étendue du terrain que je signale. Toutes ces terres sont assez éloignées des marais de la plaine, pour être à l'abri de l'influence des miasmes qui s'en dégagent.

En outre, la plus grande partie de ces terres est inclinée au nord, vers la mer, ce qui diminue un peu l'excessive température qui se fait sentir dans les lieux qui ont une autre exposition.

Indépendamment des avantages que j'ai déjà signalés, la colonisation de cette partie des environs d'Alger en présente encore une autre, immense, incontestable; c'est celui de la sécurité pour les colons. Et, avant de parler de la facilité de garder cet espace de terre, je ferai remarquer que, sans protection, et même contre l'impulsion donnée par la majorité des propriétaires européens d'Alger; c'est de ce côté que la colonisation s'est le plus développée. En effet, depuis Alger jusqu'à Staouéli, la terre est couverte de cultures européennes. C'est qu'il faut l'avouer, la force des choses, la raison, finissent toujours par l'emporter sur l'entraînement et les préventions; et il y avait tellement prévention que, lorsque j'étais à Alger, je le répète, on ne voyait que la plaine, rien que la plaine susceptible d'être colonisée, et cependant, on ne pouvait aller dans cette plaine sans escorte; tandis que j'ai été vingt fois seul, ou seulement accompagné d'un ami, sur le Boujarah et jusque de l'autre côté de la Pointe Pescade, sans y être inquiété le moins du monde.

La garde de toute cette portion de terre est d'autant plus facile que, si l'on trace une ligne défensive parallèle à celle que j'ai déjà indiquée, on verra qu'elle présente son front à la plaine de la Métidjah, mais en dominant cette plaine par des hauteurs. La droite de cette ligne de défense s'appuirait sur Sidi-Ferruch, sa gauche sur Alger, ou du moins assez près d'Alger pour en obtenir un secours immédiat; et en arrière, elle serait toujours adossée à la mer.

Quant à l'espace vide qui présente son front à la Mitidjah, il suffirait, entre Sidi-Ferruch et Alger, de deux camps retranchés, gardés seulement, chacun par un bataillon d'infanterie, et d'une ou deux redoutes intermédiaires et situées en avant, qui, sentinelles vigilantes, donneraient l'alarme aux camps principaux en cas d'attaque.

Ainsi, il y aurait un bataillon à Sidi-Ferruch,

un autre dans chacun des deux autres camps retranchés, et une garde dans chacune des redoutes intermédiaires. Tout cela se liant à la garnison d'Alger, et se prêtant un mutuel appui, s'opposerait à ce qu'aucune puissance Arabe pût franchir nos lignes. Par ce moyen, une grande étendue de terrain serait livrée avec la plus grande sécurité à l'industrie des colons. Et, c'est seulement lorsqu'on aura rempli ces conditions de sécurité, qu'on verra les spéculateurs se porter vers Alger, et les colons y affluer.

Pour assurer encore la garde de ces possessions, et rendre la colonisation plus économique, je crois qu'il y aurait un grand avantage à former une milice indigène sur un autre plan que celle des zouaves dont nous avons pu nous convaincre de la fidélité et de la bravoure. Jamais ces troupes ne nous ont abandonnés sur un champ de bataille, et toujours on les a opposées avec succès à l'ennemi.

Il est dans les mœurs de ces peuplades, quelque chose dont on pourrait tirer un grand parti : nos soldats zouaves se battent très bien lorsqu'ils ont l'ennemi en face ; mais une fois le combat fini, cette vie de caserne, cette vie paresseuse du soldat Français ; ce service régulier dont ils ne comprennent ni l'utilité, ni l'importance, les ennuie. C'est alors seulement que quelques uns d'entre eux désertent. Lorsqu'ils servaient le Dey d'Alger, on les appelait pendant la guerre, et, celle-ci terminée, on les renvoyait chez eux. Mais, si au lieu d'en agir ainsi, après les avoir organisés en corps réguliers et leur avoir assigné à chacun un poste en cas d'attaque, on les employait aux travaux des champs pendant les moments de tranquillité, sauf à les exercer de temps en temps au maniement des armes, je suis convaincu qu'on trouverait dans ces hommes, tout à la fois, et des défenseurs fidèleset des ouvriers intelligents.

Il y a plus, si on favorisait au milieu des européens l'établissement de leurs familles, on les intéresserait à nos succès, et tout en nous créant des amis dévoués, nous commencerions la civilisation de ces peuples, civilisation qui contribuerait pardessus tout, au grand œuvre de la colonisation générale de la régence d'Alger.

Tous ces avantages ne sont pas à dédaigner pour l'avenir d'une colonie qui pourrait devenir si profitable à la France dans le cas où le sol de la régence répondrait à toutes les espérances qu'on en a conçues. Mais pour arriver à des résultats positifs, il faut faire des essais en grand. Or, quels moyens plus économiques et plus sûrs que ceux que je propose ? Un seul régiment et trois ou quatre batteries d'artillerie, avec l'aide de la garnison d'Alger, nous rendraient maîtres d'une étendue de terrain de 20 à 25 kilomètres carrés, et nous permettrait d'y faire, avec sécurité, des expériences culturales. Si les résultats étaient favorables, d'ici à quelques années, notre colonie pourrait garder elle-même ses premiers établissements, et tout en permettant au gouvernement de porter plus loin ses moyens protecteurs, elle serait là, derrière eux, toute prête à les soutenir au besoin. C'est ainsi que, gagnant successivement du terrain, on finirait par en occuper une grande étendue, et par avoir une nombreuse population européenne en Afrique. C'est alors aussi, que la colonie, pouvant se suffire à elle-même, on pourrait entreprendre les grands travaux de dessèchement de la Mitidjah ; travaux qui, n'ayant plus pour but la défense du territoire, deviendraient bien moins considérables et bien moins coûteux.

Voilà comment, en 1835, je comprenais la fondation d'un établissement colonial, aux environs d'Alger. Je pense encore aujourd'hui, que, jusqu'à ce que nous soyons bien établis dans toute la régence, il n'y a pas de moyens plus efficaces et moins onéreux que ceux que je propose pour commencer la colonisation. Nous étendre dans la plaine avant d'avoir vaincu les Arabes, avant d'avoir abattu la puissance d'Abd-el-Kader, serait une folie ; nos colons seraient toujours exposés à être inquiétés.

On revient, il est vrai, au projet de canaliser l'Aratch jusqu'au Mazafran, et de faire de ce canal un rempart contre l'invasion des Arabes ; mais avant que ces travaux soient achevés, nous pourrions déjà avoir une colonie florissante du côté de Staouéli, et une population européenne acclimatée qui pourrait s'étendre sur les terrains conquis. Cette population aurait en outre fait des expériences sur les cultures les plus convenables sous le climat d'Alger, elle n'aurait plus d'écoles à faire, et les capitalistes sauraient sur quoi fonder leurs spéculations. Ce serait un avantage immense pour l'avenir de notre colonie.

Nous n'avons parlé jusqu'ici que de la colonisation aux environs d'Alger. Examinons maintenant ce qu'on a fait et ce qu'on devra faire pour occuper toute la régence.

Des causes qui nous ont obligés d'étendre ou de restreindre notre domination en Afrique.

Après les fautes commises depuis le commencement de notre occupation d'Alger, fautes que j'ai signalées au commencement de ce travail, et qui, je me hâte de le dire, ne sont pas toutes imputables aux gouverneurs qui se sont succédé en Algérie, pas plus qu'aux différens ministères qui ont concouru au gouvernement de la France depuis cette époque, après ces premières fautes, dis-je, il était presqu'impossible de se borner à une occupation restreinte; une nation comme la France ne peut laisser impunies les insultes d'un peuple barbare. Le point d'honneur l'emporte toujours chez nous, sur l'intérêt matériel, autrement nous serions beaucoup moins engagés en Afrique. C'est ce qui nous a fait entreprendre depuis 1831 une foule d'expéditions militaires, plus ou moins utiles, plus ou moins malheureuses. Je dis plus ou moins malheureuses, car nous n'avons pas toujours été assez heureux pour battre l'ennemi complétement, et lorsque nous l'avons battu, les généraux victorieux n'avaient pas à leur disposition les moyens de poursuivre le cours de leurs conquêtes ; il fallait rentrer dans la capitale de la province d'où on était sorti, et toujours on était poursuivi par l'ennemi même qu'on avait battu la veille.

Se faire battre, en Afrique, ou ne pas être complètement vainqueur, est une faute qui entraîne les résultats les plus désastreux pour la France. Comme je l'ai dit précédemment, les Arabes sont essentiellement fatalistes ; s'ils sont vaincus ils se soumettent avec résignation à leur destinée ; mais à la condition que la force qui les a terrassés se fera constamment sentir par sa présence. Si vous faites une expédition pour abandonner ensuite le pays conquis et vous laisser poursuivre au retour, les Arabes n'auront qu'une faible idée de votre puissance. Si, lorsque vous les attaquez, vous n'avez pas de forces suffisantes et si vous laissez seulement la victoire indécise, leur orgueil se gonfle outre mesure, ils s'attribuent le succès du combat ; vous n'êtes plus à leurs yeux que des hommes vaincus ou faciles à vaincre ; dès lors vous avez perdu sur eux l'influence morale que devrait donner à la France la puissance de ses armes ; le fanatisme s'empare de ces populations, et au lieu d'une petite expédition que vous vouliez entreprendre, c'est une guerre générale, à outrance, une guerre d'extermination que vous êtes obligés de faire.

La défaite de la Macta nous a entraîné à l'expédition de Mascara, et à l'occupation de Tlemcen; eh bien! Je le demande, où est le résultat de cette expédition? Vous avez poursuivi, battu les Arabes; vous avez brûlé une ville; vous avez ensuite occupé Tlemcen, puis vous vous êtes retiré; avez-vous diminué par là la puissance de votre ennemi? L'avez-vous mis hors d'état de vous nuire? Pas le moins du monde, et la preuve; c'est que vous avez été entraîné à une autre expédition dans laquelle a eu lieu l'un des faits d'armes les plus brillants; je veux parler du combat de la Sicka, où, pour la première fois, un général français ait fait un assez grand nombre de prisonniers. Certes cette affaire nous avait réhabilité dans l'esprit des Arabes, et la possession de nombreux prisonniers nous mettait à même d'obtenir de bonnes conditions. Mais cette affaire, toute brillante qu'elle ait été, n'a point encore eu de résultat décisif, et il est facile d'en deviner la cause: c'est que le général qui commandait cette expédition n'avait pas les moyens de continuer la guerre, et de profiter de l'immense résultat moral et matériel qu'il avait obtenu.

Malheureusement, en France, les esprits sont partagés; les uns veulent l'abandon d'Alger; les autres une occupation restreinte; d'autres enfin, une domination absolue dans toute l'Algérie; de là, les tergiversations de la chambre des députés qui n'accorde des fonds qu'avec restriction, et jamais en assez grande quantité pour entreprendre une expédition décisive.

Les différents ministères qui se sont succédé, ont bien compris nos véritables intérêts en Afrique; tous ont voulu que notre domination fût reconnue dans toute la régence; mais tous aussi ont hésité, en présence d'une opposition qui menaçait de s'accroître, à demander les ressources nécessaires, dans la crainte d'un échec qui eût tout perdu; tout le monde a temporisé, et la brillante affaire de Sicka est restée infructueuse faute des moyens de poursuivre les Arabes, et d'occuper le pays.

C'est ainsi qu'une expédition incomplète en amène nécessairement une autre, et qu'on gaspille en détail, et sans résultat, des sommes énormes qui, employées toutes à la fois pour frapper un grand coup, auraient amené la conquête de toute l'Algérie; aussi avons nous vu, qu'après la Sicka, il a fallu renvoyer le général Bugeaud dans la province d'Oran, c'est ainsi que, comme l'a dit spirituellement un député, la Macta a enfanté Mascara, Mascara a enfanté la Sicka, et la Sicka a enfanté la Tafna.

Et, dans quelles circonstances envoie-t-on le général Bugeaud une seconde fois en Afrique? dans un moment où notre armée était compromise, et où il fallait la dégager. Quels moyens lui donne-t-on pour vaincre nos ennemis? des moyens bien insuffisans, sans doute; et on le savait bien, puis qu'il était autorisé à traiter avec Abd-el-Kader. Le général Bugeaud aurait pu battre ce chef arabe; mais a quoi cela nous eût-il mené? toujours à un résultat incomplet;

l'ennemi battu se fut retiré, et nous eût poursuivi au retour, comme cela est toujours arrivé. Ce sont là des expéditions sans but et sans résultat possible. Porter nos armes dans une portion de l'Algérie, sans y laisser ensuite des forces suffisantes pour nous en assurer la possession, c'est non-seulement une dépense inutile; mais c'est nous déconsidérer dans l'esprit des Arabes.

Dans l'impossibilité d'occuper le pays conquis, on fit la paix avec Abd-el-Kader, et le traité de la Tafna n'est autre chose que le résultat de toutes les tergiversations, de toutes les incertitudes que j'ai signalées, et du manque de ressources nécessaires pour faire autre chose qu'un traité.

On a blâmé ce traité avec une légéreté à laquelle l'esprit de parti n'est pas resté étranger, et c'est ici l'éternel malheur de l'Algérie, de voir son avenir soumis aux chances de la politique européenne; le traité de la Tafna était une nécessité de la position du gouvernement vis à vis des chambres; puis qu'il ne pouvait obtenir de celles-ci les ressources nécessaires pour abattre complètement la puissance d'Abd-el-Kader, il devait traiter avec lui, et lui confier un pouvoir considérable sur les pays que nous ne pouvions pas occuper; c'était le systéme arabe suivi en grand. Qu'on vienne nous dire aujourd'hui que ce traité a été désastreux; qu'il nous a crée des difficultés immenses; qu'il a donné à Abd-el-Kader une puissance qu'il était loin d'avoir auparavant, cela est très vrai; mais à qui la faute, messieurs les députés? si ce n'est à vous, qui au lieu de fournir à l'état, les moyens de rendre notre position claire et positive en Algérie, avez fait comme ce négociant obéré, qui dans la crainte d'une catastrophe, prend des atermoyements, couvre une dette avec une autre, multiplie ses embarras, et n'arrive jamais qu'à rendre cette catastrophe plus désastreuse. Voilà messieurs, la position dans laquelle vous avez mis la France par vos incertitudes sur ce qu'on devait faire de nos possessions du nord de l'Afrique. Des centaines de millions ont été dépensés en détail, et sans fruit, et vous êtes obligé de reconnaître, aujourd'hui; qu'il vous faut en dépenser, des centaines d'autres, pour arriver au résultat que vous auriez dû, dès le principe, chercher à obtenir. C'est votre politique étroite, qui a mis le gouvernement dans la nécessité de signer le traité de la Tafna.

Après tout, ce traité, s'il eût été observé avec loyauté par Abd-el-Kader, eût offert à la France de grands avantages; nous aurions établi, d'une manière pacifique notre domination sur les pays que nous occupions; les Arabes auraient eu avec nous des communications fréquentes, ils se seraient accoutumés à nos mœurs; la civilisation les aurait vaincus. Abd-el-Kader n'est pas éternel; nous lui aurions succédé dans l'influence morale qu'il exerce sur les peuples soumis à sa domination, et nous aurions évité de grandes dépenses et de grands malheurs. Tout bien considère, le traité de la Tafna pouvait être avantageux à la France; mais puisque la destinée en a décidé autrement; n'insistons pas d'avantage sur des fautes irréparables, signalons les seulement pour en prévenir le retour.

Il me reste cependant encore à parler d'une expédition, qui, pour n'avoir pas réussi, en a nécessité une autre; je veux parler de la première expédition de Constantine. On sait par quelles circonstances, nous fûmes amenés à tenter de nous emparer de cette ville. On sait aussi que cette tentative échoua une première fois par les mêmes causes que j'ai déjà indiquées, comme ayant rendu la plupart de nos expéditions infructueuses. C'est en vain qu'on voudrait rejeter notre échec sur le maréchal Clausel où sur tout autre; la véritable source de toutes nos catastrophes est là où je l'ai indiquée; dans l'attitude prise par la chambre des députés vis à vis de l'Algérie, et dans l'hésitation des ministres, à demander les ressources nécessaires.

Nous avons, il est vrai, réparé cet échec en nous emparant plus tard de Constantine ; mais un échec semblable ne se répare jamais complétement avec des peuples comme ceux de l'Algérie. N'avoir pas réussi du premier coup, c'est être faible ; avoir reculé c'est une preuve qu'on peut être vaincu, et je ne saurais trop le redire, reculer en Afrique, ce n'est pas seulement perdre le présent, c'est encore compromettre l'avenir ; c'est nous obliger à accroître nos moyens de conquête ; c'est aussi compromettre la gloire et l'avenir de nos meilleurs généraux. Plus on considère les résultats qu'amène une expédition entreprise, sans but déterminé, ou avec des moyens insuffisants, plus on reste convaincu de la nécessité de ne rien entreprendre dans l'Algérie, sans s'être assuré de tous les moyens de succès.

Parlons maintenant de la prise de Constantine et des heureux résultats qu'a obtenu le système de gouvernement adopté dans cette province.

De la prise de Constantine et du système de gouvernement établi dans la province de ce nom.

La prise de Constantine, malgré notre premier échec devant cette ville, est, depuis la conquête d'Alger, le fait d'armes qui a le plus rehaussé notre gloire dans l'esprit des Arabes ; c'est, depuis 1830, le fait capital de notre domination en Afrique. C'est ici que j'ai vu se réaliser toutes les idées que j'avais émises en 1835 sur le caractère et les mœurs des peuples barbaresques, sur leur fatalisme, et surtout ce que nous pouvons espérer d'un mode de gouvernement conforme à l'esprit de ces peuples.

Après la prise de Constantine, vous voyez les chefs les plus considérables des tribus de la province venir faire leur soumission au vainqueur, lui demander de gouverner au nom de la France, s'engager à nous payer un tribut et à faire la guerre à ceux de leurs compatriotes qui ne reconnaîtraient pas notre souveraineté. C'est absolument ce qui était arrivé après la prise d'Alger ; mais à Constantine, on ne commet plus les mêmes fautes que dans la capitale de la régence ; le pouvoir est remis exclusivement aux Arabes ; on ne blesse plus leur susceptibilité religieuse par le partage de ce pouvoir avec un peuple qu'ils méprisent ; et, ce qu'il y a de plus souverainement politique, c'est qu'en même temps qu'on remet le pouvoir aux mains de quelques chefs de tribus, on conserve à Constantine, et on distribue dans différens points de la province, des forces françaises assez imposantes pour châtier, au premier mouvement, celui qui tenterait de nous être infidèle, ou pour secourir celui de nos alliés qui viendrait à être attaqué par des tribus qui n'auraient point encore reconnu notre domination; voilà le vrai système de gouvernement en Afrique, le seul praticable ; c'est de gouverner les Arabes par les Arabes; mais à la condition d'avoir toujours, à des distances peu éloignées, les moyens de faire craindre un châtiment sévère à celui qui aurait la pensée de se révolter contre nous, ou d'inspirer la confiance dans notre protection à tous nos alliés. Que l'on reste bien convaincu que ce n'est qu'avec cet appareil de puissance et de justice que nous arriverons à tirer parti de l'Algérie. Mais il faut de la persévérance ; une fois engagés il ne faut plus reculer ; la permanence de la force et de la justice peut seule nous rendre, avec le temps, paisibles, possesseurs de ce beau pays. Qu'on ne s'y méprenne pas, les populations algériennes, toutes barbares quelles sont, et tout en ayant une foi exclusive dans la force, n'en finiront pas moins par respecter notre équité.

On a dit que le système arabe était impraticable aux environs d'Alger ; cela est vrai, et j'en ai dit la cause au commencement de ce travail ; mais j'affirme, et j'ai suffisamment démontré les raisons sur lesquelles je me fonde, j'affirme, dis-je, que ce système peut être établi dans toutes les parties de la régence qui ne nous sont pas encore soumises ; et que c'est le seul système qui puisse, sans blesser l'orgueil national des populations, et en les faisant participer au pouvoir, nous assurer la puissance suprême dans toute l'Algérie, en même temps que les moyens d'y entretenir une armée avec les ressources que nous pourrions tirer de ce beau pays.

De la nécessité et des moyens d'occuper définitivement toute l'Algérie.

D'après le genre de guerre qu'on nous fait en ce moment en Algérie, il est impossible de songer à y fonder des établissements coloniaux avant d'avoir mis Abd-el-Kader dans l'impuissance de soulever contre nous la moindre tribu. En vain voudrait-on arguer des dépenses excessives auxquelles une guerre générale en Afrique doit nous entraîner ; l'état actuel des choses ne permet plus une occupation restreinte ; cette guerre générale est commencée ; le maréchal Valée est en ce moment maître de Médéha et de Miliana. J'ignore quels sont ses projets ; mais il est impossible désormais de ne pas occuper toute la régence ; ce n'est pas seulement notre intérêt matériel qui nous le commande, c'est l'honneur national qui l'exige.

Que quelques députés, partisans de l'abandon

de l'Algérie, viennent nous dire que les millions dépensés dans ce pays seraient mieux employés en France à l'établissement de routes, de chemins de fer, de canaux, etc., cela peut être vrai, matériellement parlant, et en ne songeant pas à l'avenir; mais l'honneur et la gloire font aussi partie de la fortune d'une nation, et jamais les calculs d'intérêt matériel n'entraîneront la France dans une voie contraire à sa dignité. Il faut donc en prendre son parti; il faut cesser toutes ces récriminations qui n'ont d'autre résultat que de neutraliser les efforts du gouvernement, d'accord en cela avec la majorité de la nation, pour arriver à la possession complète de l'Algérie. Il faut que la France entière se réunisse dans une pensée commune, celle de posséder, à peu de distance de chez elle, un pays dont il est impossible d'apprécier maintenant toute la valeur, mais dont elle se félicitera un jour d'avoir fait la conquête.

Croit-on d'ailleurs, que la possession de l'Algérie ne nous offre qu'un genre d'intérêt, et que nous devions tant regretter les millions que nous dépensons dans ce pays? Nous devons dire, d'abord, que presque tous ces millions rentrent en France, qu'ils ne font que changer de mains et que ce mouvement est favorable à toutes les industries; mais voyez quelle extension a pris notre marine depuis que nous occupons Alger! Voyez notre armée dont tous les corps, en passant successivement quelques temps en Algérie, se forment aux fatigues de la guerre, et acquièrent l'expérience des combats! Dites-moi maintenant, dans le cas d'une guerre générale, qui paraît peu probable, mais qui n'est pas impossible, si cette belle armée n'imposerait pas autant à l'ennemi par le prestige de la gloire dont elle entretient constamment le feu sacré, que par sa force et son expérience ? De tels avantages ne sont pas à dédaigner, et quand l'Algérie ne servirait qu'à occuper l'esprit actif de la France, il faudrait la conserver ; mieux vaut porter notre activité guerrière de ce côté que d'un autre ; mieux vaut une guerre qui a pour but de civiliser un peuple, qu'une guerre qui ferait perdre à l'Europe tous les avantages matériels et moraux qu'elle a conquis par vingt-cinq années de paix.

J'ai déjà démontré, d'après ce qui s'est passé en Afrique, et d'après le caractère des peuples qui habitent ce pays, que le seul moyen de nous y établir souverainement, c'est de nous y montrer forts ; c'est de ne jamais entreprendre aucune expédition sans les moyens de vaincre et de nous assurer la possession des pays que nous aurons parcourus. Et je suis tellement convaincu qu'il faut frapper les Arabes, autant par la force matérielle de nos armes que par le prestige d'une gloire toujours constante, que je crois qu'il serait d'une bonne politique de ne jamais renvoyer en Afrique un général qui y aurait échoué dans la moindre entreprise ; mais d'y maintenir, au contraire, tous les militaires qui s'y seraient distingués dans les combats.

Puisque la guerre-sainte est déclarée, puisque nous avons accepté cette guerre, il faut envoyer en Algérie une armée assez nombreuse pour la faire toujours avec succès ; il ne faut laisser à Abd-el-Kader ni paix ni trève ; il faut le poursuivre à outrance jusqu'à ce que son nom même n'ait plus la puissance de réunir les tribus. Une fois Abd-el-Kader vaincu, et notre puissance établie par l'occupation de points militaires bien choisis dans toute l'étendue de la régence, on peut être certain que les Arabes viendront faire leur soumission, et se disputer l'honneur de gouverner pour la France. Nous pourrons leur imposer des tributs, et en conservant, comme nous l'avons fait pour Constantine, des forces suffisantes et bien réparties pour nous faire respecter, nous et nos alliés, nous arriverons à la pacification complète de l'Algérie, et nous finirons par tirer avant peu, de ce pays, les ressources nécessaires pour y entretenir une armée permanente. C'est seulement ainsi, que les sacrifices momentanés que nous aurons faits pourront amener un heureux résultat. Si, au contraire, nous nous bornons à des expéditions sans but; à une occupation incomplète; non seulement la colonisation de l'Algérie est impossible, mais nous nous exposons à des guerres continuelles, dans lesquelles nous dépenserons, sans fruit, des sommes énormes.

Le système arabe étant reconnu le seul praticable en Afrique ; c'est ce système qu'il faut adopter ; mais pour rendre le succès complet, il faut, de toute nécessité, occuper des points militaires assez rapprochés, et avec des forces suffisantes pour qu'on puisse se porter rapidement dans toutes les directions où notre présence serait nécessaire, et pour qu'au besoin, chaque garnison puisse secourir la garnison voisine. Il faut, en un mot, établir un réseau d'où aucune force arabe ne puisse s'échapper: il faut faire en sorte que le châtiment soit prompt comme la foudre, et qu'une tribu révoltée soit ramenée à la soumission avant quelle ait eu le temps de se coaliser avec une autre. Il faut aussi nous mettre à même de porter secours immédiatement à tous ceux qui nous seront restés fidèles et nous montrer partout, et toujours, forts et justes.

Un bon système d'occupation une fois établi, les Arabes se soumettront à leur destinée; le drapeau de la France, flottant sur tous les points du territoire, les avertira qu'ils n'ont rien à espérer de la révolte; mais tout de la justice et de la paix; nous n'aurons plus à combattre; la civilisation pénétrera peu à peu chez eux; chaque année nous pourrons diminuer notre armée; ils nous fourniront eux mêmes des défenseurs, et nous ménagerons ainsi le sang de la France.

On pensera peut-être qu'un pareil système d'occupation coûterait énormément d'hommes et d'argent; sans doute nous ne pouvons nous établir dans l'Algérie sans une armée nombreuse; mais, comme l'a dit M. Thiers, on ne fait pas de grandes choses avec de petits moyens. Plus on hésitera à prendre le parti que je propose, et plus on s'exposera à des dépenses infructueuses. Au surplus, je crois qu'on s'exagère les sacrifices, et qu'on ne se rend pas assez compte des résultats. Voici selon moi, les points de la régence où il serait nécessaire de nous établir:

Entre Constantine et Alger, il nous reste à occuper fortement Hamza pour porter secours à Sétif, protéger le passage des portes de fer et assurer nos communications entre Alger et Constantine. La province de Constantine, au moyen de nos alliances et de son occupation actuelle se trouverait, ainsi, suffisamment protégée.

L'occupation de Médéah et de Miliana nous rend maîtres des passages de l'Atlas et de la partie supérieure du Chéliff. Il faut que nous gardions tout le cours de cette rivière. Dans ce but, il faut occuper Mezonna et un point intermédiaire entre cette ville et Miliana; nous aurons ainsi, de ce côté-ci du Chéliff, quatre points militaires qui pourront se prêter un mutuel secours ; puisque chacun d'eux ne sera pas éloigné de plus de deux grands jours de marche de l'autre.

Sur la rive opposée du Chéliff, et prés de son embouchure, nous occupons déjà Mostaganem. En plaçant une garnison suffisante à Mascara, et une autre à Tagadempt; en occupant encore un autre point sur la rive gauche du Chélif, vis-à-vis du poste intermédiaire situé entre Miliana et Mezouna, on aurait, dans un carré long, et de chaque côté du Chéliff, des points militaires liés ensemble, suffisants pour garder la belle vallée que baigne cette rivière, et pour garantir la plaine de la Mitidjah de l'invasion des Arabes.

L'occupation de Tlemcen; celle d'Oran, d'Arzew et des différents autres points que nous possédons déjà, complèterait la protection de la province d'Oran. Les côtes et la province d'Alger sont suffisamment gardées.

Je ne doute pas que des forces suffisantes, ainsi réparties, et combinées avec le système de gouvernement que j'ai indiqué, n'amènent promptement notre domination pacifique dans toute l'Algérie ; et c'est aussi, selon moi, le seul moyen de nous affranchir des dépenses énormes que nous sommes obligés de faire chaque année pour des expéditions sans résultat; mais qu'on y songe bien: chaque point de la régence non occupé par la France ou non susceptible d'être atteint immédiatement par elle, deviendrait un foyer d'insurrection qui appellerait la guerre.

Si je ne craignais pas de donner à ce travail une étendue trop considérable, j'entrerais dans quelques développements sur les avantages que j'entrevois dans l'occupation des points que je viens d'indiquer; mais que l'on consulte la carte, et ces avantages ressortiront d'eux mêmes. Peut-être est-il encore, à garder, quelques autres points qu'un général expérimenté saura bien choisir.

Je suis convaincu qu'avec 60,000 hommes on peut s'établir en Afrique d'une manière imposante, dès la première année. On pourra ensuite diminuer peu-à-peu le nombre de nos troupes, en augmentant les troupes indigènes. Ainsi établie, notre armée doit recueillir avant peu, en Algérie, de quoi suffire à son entretien.

On pourrait occuper une partie de l'armée et des tribus à tracer des routes, à rendre le Chéliff navigable; on pourrait aussi appeler une population Européenne autour de chaque point fortifié; la paix ne pouvant plus être troublée, si nous avions des forces suffisantes, les populations se mêleraient; la civilisation ferait de rapides progrés; les produits se multiplieraient; notre commerce s'étendrait en raison des progrès de la civilisation; les Caravanes qui traversent le désert viendraient commercer avec nous, et c'est alors seulement que la France pourrait juger de la valeur de sa nouvelle possession, et qu'elle s'applaudirait des sacrifices qu'elle aurait faits dans un temps prospère.

Ce qui se passe aujourd'hui en Afrique ne nous laisse plus que deux partis à prendre : c'est de nous y établir fortement, et par les moyens que je viens d'indiquer; ou d'abandonner honteusement l'Algérie. Entre ces deux partis le choix de la France ne saurait être douteux.

www.ingramcontent.com/pod-product-compliance
Lightning Source LLC
LaVergne TN
LVHW010101230826
846091LV00005B/2037